APFELKUCHEN

Goldstücke aus dem Ofen

Autorin: Marianne Zunner
Fotos: Maria Grossmann und Monika Schürle

QUALITÄTS G|U GARANTIE

DIE GU-QUALITÄTS-GARANTIE

Wir möchten Ihnen mit den Informationen und Anregungen in diesem Buch das Leben erleichtern und Sie inspirieren, Neues auszuprobieren. Bei jedem unserer Bücher achten wir auf Aktualität und stellen höchste Ansprüche an Inhalt, Optik und Ausstattung. Alle Rezepte und Informationen werden von unseren Autoren gewissenhaft erstellt und von unseren Redakteuren sorgfältig ausgewählt und mehrfach geprüft. Deshalb bieten wir Ihnen eine 100 %ige Qualitätsgarantie.

Darauf können Sie sich verlassen:
Wir legen Wert darauf, dass unsere Kochbücher zuverlässig und inspirierend zugleich sind.
Wir garantieren:
- dreifach getestete Rezepte
- sicheres Gelingen durch Schritt-für-Schritt-Anleitungen und viele nützliche Tipps
- eine authentische Rezept-Fotografie

Wir möchten für Sie immer besser werden:
Sollten wir mit diesem Buch Ihre Erwartungen nicht erfüllen, lassen Sie es uns bitte wissen! Nehmen Sie einfach Kontakt zu unserem Leserservice auf. Sie erhalten von uns kostenlos einen Ratgeber zum gleichen oder ähnlichen Thema. Die Kontaktdaten unseres Leserservice finden Sie am Ende dieses Buches.

GRÄFE UND UNZER VERLAG
Der erste Ratgeberverlag – seit 1722.

INHALT

TIPPS UND EXTRAS

8 WAHRE KLASSIKER

20 ECHTE ENTDECKUNGEN

34 GELIEBTE FAMILIENSCHÄTZE

48 KLEINE VERFÜHRER

KNACKIGE GRÜSSE AUS DEM PARADIES

Um keine andere Frucht ranken sich so viele Mythen und Geschichten, kein Obst ist beliebter und kaum eines gesünder: Der Apfel schlägt alle Rekorde.

Schon in der griechischen Mythologie hat die begehrenswerte Frucht Geschichte geschrieben: Beim Streit dreier Göttinnen um einen goldenen Apfel wird der Jüngling Paris als Schiedsrichter eingesetzt. Er wählt Aphrodite und erhält dafür die schöne Helena zur Frau. Das göttliche Gerangel hat gravierende Folgen: Der trojanischen Krieg bricht aus. Auch im Mittelalter kommt einem Apfel eine besondere Bedeutung zu: Der mit einem Kreuz besetzte goldene Reichsapfel ist das Symbol der Weltherrschaft des Römischen Reiches.

Die berühmteste und folgenschwerste Apfel-Story ist natürlich in der Bibel nachzulesen: Ausgerechnet ein Apfel war es, der – mithilfe von Evas Überredungskunst – Adam alle guten Vorsätze vergessen ließ und dem Paar die Vertreibung aus dem Paradies einbrachte.

SUPERFOOD UND SEELENFUTTER

Diesem Malheur im Garten Eden verdankt der Apfel wohl auch seinen botanischen Namen: Malus (der Schlechte). Dass das Kernobst ganz und gar nicht schlecht ist, sondern im Gegenteil rundherum guttut, ist inzwischen bewiesen. Äpfel stecken nämlich voller Vitamine und sekundärer Pflanzenstoffe – wichtig für das reibungslose Funktionieren unseres Körpers. Noch dazu sind sie ein leichter Genuss. Weil 100 Gramm mit nur 53 Kalorien zu Buche schlagen, kann man mit gutem Gewissen mehrmals am Tag in einen Apfel beißen. Der Löwenanteil der Vitamine, nämlich 70 Prozent, steckt übrigens direkt unter der Schale, weshalb man Äpfel am besten ungeschält essen sollte.

Äpfel sind aber nicht nur der perfekte Snack für zwischendurch, sondern auch in der Küche echte Alleskönner. In süßen Traditionsgerichten wie Apfelmus oder Apfelpfannkuchen bringen sie die Augen von Kindern und Erwachsenen gleichermaßen zum Leuchten. Und auch zu Pikantem werden sie heiß geliebt. Apfel gesellt sich gerne zu Leber, Speck, Zwiebeln und Kartoffeln, er versteht sich gut mit Sellerie und Roter Bete und macht sogar als Partner von Matjes oder Lachs eine gute Figur. Apfelgerichte wärmen eben Leib und Seele. Und das gilt natürlich in besonderem Maße für Gebackenes! Sie möchten ein Stück vom Kuchenglück? Dann backen Sie Kuchen und Küchlein, Tartes und Strudel, Muffins und Brownies - mit Äpfeln!

WO UNSER APFEL HERKOMMT

Der Ursprung unserer Lieblingsfrucht liegt übrigens in Kleinasien. Im Gefolge von Eroberern und Kaufleuten fand sie den Weg nach Europa, wo sie schnell heimisch wurde. Inzwischen ist der Apfel aber auch aus unserem kulinarischen Erbe nicht mehr wegzudenken.
Über 6000 Apfelsorten sind heute beim Bundessortenamt registriert, im Supermarkt begegnet der Verbraucher allerdings nur einem kleinen Teil davon. Er mag Äpfel nämlich am liebsten glänzend, rotbackig und rundherum perfekt - ein Grund, weshalb der Handel sich meist auf die besonders beliebten Sorten beschränkt. Etwa jeder dritte in Deutschland verspeiste Apfel wird auch hierzulande angebaut, zum Beispiel am Bodensee, in Sachsen-Anhalt und im Alten Land bei Hamburg.

APFELPARADIES SÜDTIROL

Doch auch von der sonnenverwöhnten Südseite der Alpen kommt das beliebte Obst zu uns. Das größte zusammenhängende Anbaugebiet Europas liegt nämlich in Südtirol. Hier, geschützt durch die Alpen im Norden, finden die knackig-süßen Früchte die idealen Wachstumsbedingungen vor. Warme Tage mit viel Sonnenschein und kühle Nächte sorgen dafür, dass sich ihr Aroma optimal entwickeln kann. Neben Klassikern wie Golden Delicious, Gala oder Braeburn reifen in den Plantagen von über 7000 meist kleinen bäuerlichen Familienbetrieben auch viele neuere Sorten wie beispielsweise Pinova und Topaz, oder die Clubsorten (siehe Klappe vorne) Kanzi und Jazz. Etwa 30 Prozent der Exporte gehen jährlich nach Deutschland. Damit setzen die Südtiroler Apfelbauern eine alte Tradition fort, die schon vor Jahrhunderten begonnen hat, als man die begehrten Früchte in kleinen Mengen auf beschwerlichen Wegen über die Alpen nach Norden brachte. Mit dem Bau der Brennereisenbahn im 19. Jahrhundert nahm auch der Export immer mehr Fahrt auf. Heute werden wir nicht mehr nur zur Erntezeit im Spätsommer und Herbst mit knackiger Ware versorgt, dank modernster Lagermethoden bleiben Äpfel bis zum Folgesommer so frisch wie vom Baum.

Spätestens im nächsten Herbst, wenn andere heimische Obstsorten wieder Pause machen, sorgt eine neue Ernte für vielfältigen Apfelnachschub. Auf unser Lieblingsobst ist eben Verlass. Wir halten ihm weiterhin die Treue!

RÜHRTEIG

175 g weiche Butter | 175 g Zucker | 3 Eier | Salz | 1 TL fein abgeriebene Bio-Zitronenschale | 250 g Mehl | 1 TL Backpulver | 2 EL Milch | Butter und Semmelbrösel für die Form | 500 g Apfelspalten

Für 1 Springform von 26 cm ∅ (12 Stücke) | 15 Min. Zubereitung | 50 Min. Backen | Pro Stück ca. 285 kcal, 4 g EW, 14 g F, 35 g KH

1 Die Springform einfetten und mit Semmelbröseln ausstreuen, damit der fertige Kuchen sich leicht herauslösen lässt. Den Ofen auf 180° vorheizen.

2 Butter und Zucker mit den Quirlen des Handrührgeräts cremig rühren. Eier einzeln je ca. ½ Min. unterrühren. 1 Prise Salz und Zitronenschale unterrühren.

3 Das Mehl mit dem Backpulver mischen und abwechselnd mit der Milch unter die Ei-Butter-Mischung rühren. Nur so lange rühren wie nötig.

4 Den Teig in die vorbereitete Form geben, glatt streichen. Die Apfelspalten (dicke Seite nach oben) hineinstecken. Im Ofen (Mitte) 40–50 Min. backen.

5 Am besten nach ca. 40 Min. einen Holzspieß in die Kuchenmitte stecken. Wenn beim Herausziehen kein Teig daran klebt, ist der Kuchen fertig.

TIPP

Das Grundrezept lässt sich gut variieren, indem man anstelle der Milch Rum, Calvados oder Apfelsaft verwendet. Gerne streue ich auch Mandelsplitter oder Haselnussblättchen vor dem Backen auf den Kuchen. Bis zu 50 g des Mehls lassen sich zudem durch gemahlene Nüsse oder Mandeln ersetzen.

MÜRBETEIG

180 g Mehl | 50 g + 1 EL Zucker | Salz | 1 Eigelb | 100 g kalte Butter (in kleinen Würfeln) | 600 g schmale Apfelspalten | 30 g zerlassene Butter | 1 EL Zucker

Für 1 Springform von 26 cm ⌀ (12 Stücke) | 15 Min. Zubereitung | 30 Min. Kühlen | 45 Min. Backen | Pro Stück ca. 185 kcal, 2 g EW, 10 g F, 23 g KH

1 Mehl auf die Arbeitsfläche häufen. Zucker und 1 Prise Salz darauf verteilen. Eine Mulde eindrücken. Eigelb hineingeben. Butter auf dem Mehlrand verteilen.

2 Die Zutaten mit einem großen Messer durchhacken oder zwischen den Fingern verreiben, bis sich alles gut verbunden hat. Dann rasch zusammenkneten.

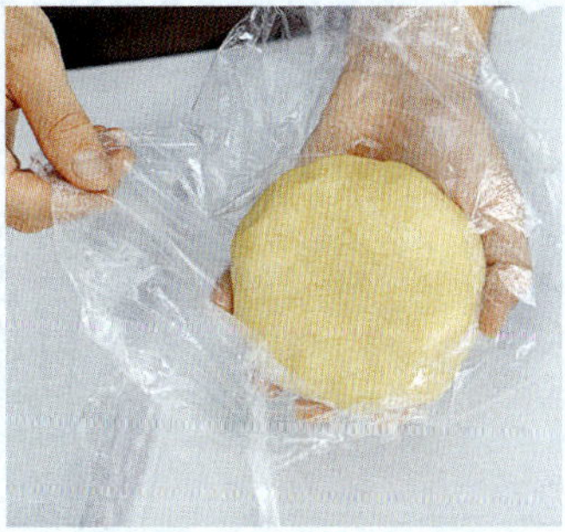

3 Den Teig etwas flacher drücken und in Frischhaltefolie wickeln. Ca. 30 Min. kalt stellen. Den Backofen auf 180° vorheizen.

4 Den Teig zwischen zwei großen Gefrierbeuteln rund ausrollen. Obere Folie abziehen, Teig in die Form stürzen, zweite Folie abziehen. Teig in die Form drücken.

5 Rand gerade schneiden, Boden einstechen, mit Apfelspalten belegen. Mit Butter bepinseln, mit 1 EL Zucker bestreuen. Im Ofen (Mitte) 35–45 Min. backen.

TIPP

Durch die Handwärme beim Kneten wird der Teig geschmeidiger. Bleibt er bröselig, einige Tropfen Wasser unterkneten. Schneller geht's mit weicher Butter. Die Butter mit den restlichen Zutaten in eine Schüssel geben, erst mit den Knethaken, dann zügig mit den Händen zu einem glatten Teig verkneten.

WAHRE KLASSIKER

Dinge, die nie aus der Mode kommen, nennt man Klassiker. Die Kuchen in diesem Kapitel gehören dazu, denn sie werden heute noch genauso geliebt wie gestern. Ob gute alte Bekannte wie der »Versunkene« und der Gedeckte Apfelkuchen oder Evergreens aus unseren Nachbarländern wie die Tarte tatin aus Frankreich und der Südtiroler Apfelstrudel. Sie alle sind: forever young!

APFEL-STREUSEL-DATSCHI

Ein Blech mit lockerem Teig, dick belegt mit Früchten der Saison – das ist ein Datschi. Wenn auch noch Streusel drauf liegen, ist mein Kuchenglück vollkommen!

Für den Teig:
400 g Mehl
70 g Zucker
25 g Hefe | 170 ml Milch
70 g weiche Butter
1 Ei | 1 Eigelb | Salz
fein abgeriebene Schale von 1 Bio-Zitrone

Für die Streusel:
100 g Mehl
50 g gemahlene Mandeln
50 g Zucker
50 g zerlassene Butter

Für den Belag:
6 große Äpfel (ca. 1,2 kg, z. B. Cox orange)
3 EL Zitronensaft

Außerdem:
2 EL Butter für das Blech
Mehl zum Arbeiten
2 – 3 TL Zimtzucker zum Bestreuen

Bestes vom Blech

Für 1 Backblech (20 Stücke) | 30 Min. Zubereitung | 1 Std. 35 Min. Ruhen | 45 Min. Backen
Pro Stück ca. 200 kcal, 4 g EW, 7 g F, 29 g KH

1 Für den Teig das Mehl in eine Schüssel sieben und eine Mulde hineindrücken. Den Zucker in die Mulde geben und die Hefe hineinbröseln. Die Milch leicht erwärmen. Etwa die Hälfte in die Mulde gießen und mit Zucker, Hefe und etwas Mehl vom Rand verrühren. Den Teigansatz zugedeckt ca. 15 Min. gehen lassen.

2 Übrige Milch, Butter, Ei, Eigelb, 1 Prise Salz und Zitronenschale dazugeben. Alle Zutaten mit den Knethaken des Handrührgeräts 5 – 10 Min. verkneten, bis der Teig glänzt und sich vom Schüsselrand löst. Abgedeckt an einem warmen Ort ca. 1 Std. gehen lassen, bis er sein Volumen mindestens verdoppelt hat.

3 Das Backblech mit Butter bepinseln. Den Teig daraufgeben, leicht bemehlen und mit den Händen vorsichtig zum Rand und in die Ecken drücken. Abgedeckt ca. 20 Min. gehen lassen.

4 Inzwischen für den Streuselteig das Mehl, die gemahlenen Mandeln und den Zucker mischen. Die zerlassene Butter hinzufügen, alles mit einer Gabel gut vermischen und kalt stellen.

5 Für den Belag die Äpfel schälen, achteln und das Kerngehäuse entfernen (z. B. mit einem Apfelteiler). Die Achtel in dünne Spalten schneiden und sofort mit dem Zitronensaft vermischen. Die Apfelspalten überlappend auf dem Teig verteilen und mit Zimtzucker bestreuen. Die Streuselmasse darüberbröseln. Den Kuchen in den kalten Ofen (Mitte) schieben. Bei 180° 35 – 45 Min. backen.

»VERSUNKENER« APFEL-MANDELKUCHEN

5–6 kleine Äpfel (ca. 750 g, z. B. Topaz, Cox orange) | 2 EL Zitronensaft | 200 g weiche Butter | 200 g Zucker | 1 Pck. Vanillezucker | Salz | 4 Eier | 200 g Mehl | 2 gestr. TL Backpulver | 50 g gemahlene Mandeln | 2 EL Rum oder Amaretto (nach Belieben) | 3 EL Apfel-, Quitten- oder Aprikosengelee | Puderzucker zum Bestäuben (nach Belieben)

Den lieben alle

Für 1 Springform von 26 cm ∅ (12 Stücke) | 20 Min. Zubereitung | 45 Min. Backen
Pro Stück ca. 345 kcal, 5 g EW, 18 g F, 37 g KH

1 Die Äpfel schälen, vierteln und das Kerngehäuse entfernen. Die Apfelviertel auf der gewölbten Seite jeweils mehrmals leicht einschneiden und mit dem Zitronensaft mischen, damit sie nicht braun werden. Den Backofen auf 180° vorheizen.

2 Die Butter mit Zucker und Vanillezucker sowie 1 Prise Salz cremig rühren. Die Eier einzeln je ca. ½ Min. unterschlagen. Das Mehl mit dem Backpulver und den gemahlenen Mandeln mischen und rasch unterrühren. Nach Belieben Rum oder Amaretto hinzufügen und unterrühren.

3 Den Boden der Springform mit Backpapier belegen. Den Teig einfüllen. Die Äpfel mit der gewölbten Seite nach oben darauf verteilen und leicht in den Teig drücken. Im Ofen (Mitte) ca. 45 Min. backen. Das Gelee unter Rühren erwärmen, die Äpfel damit bepinseln. Den Kuchen abkühlen lassen und nach Belieben mit Puderzucker bestäuben.

TIPP

Der Kuchen ist auch mit Birnen ein wahrer Genuss. Wählen Sie dafür kleine, nicht zu feste Sorten, z. B. Conference.

APFELMUS-KRÜMELKUCHEN

1 kg Äpfel (z. B. Kanzi, Boskop) | 220 g weiche Butter | 300 g Mehl | 1 TL Backpulver | 160 g Zucker | 2 Pck. Vanillezucker | Salz | 1 TL fein abgeriebene Bio-Zitronenschale | gemahlener Zimt | 1 Ei

Einfach & gut

Für 1 Springform von 26 cm ∅ (12 Stücke) | 25 Min. Zubereitung | 1 Std. Backen
Pro Stück ca. 315 kcal, 3 g EW, 16 g F, 39 g KH

1 Die Äpfel waschen und ohne Kerngehäuse in grobe Stücke schneiden. 40 g Butter in einem Topf aufschäumen, Äpfel darin zugedeckt ca. 15 Min. sehr weich dünsten. Durch ein Sieb passieren (ergibt ca. 600 g Apfelmus). Abkühlen lassen.

2 Mehl und Backpulver in einer Schüssel mischen. Die übrigen 180 g weiche Butter sowie Zucker, Vanillezucker, 1 Prise Salz, Zitronenschale, 1 Prise Zimt und das Ei hinzufügen. Erst mit den Knethaken des Handrührgeräts, dann mit den Händen zu einem leicht bröseligen Teig verkneten. Den Backofen auf 180° vorheizen.

3 Den Boden der Springform mit Backpapier belegen. Gut die Hälfte des Teiges hineingeben und gleichmäßig andrücken, einen ca. 2 cm hohen Rand formen. Das Apfelmus einfüllen. Restlichen Teig zu Streuseln formen und darauf verteilen. Den Kuchen im Ofen (unten) 50 – 60 Min. backen.

TIPP

Wenn mal nicht so viele Gäste kommen, backe ich den Kuchen gerne im Miniformat: Für eine Springform von 20 cm ∅ alle Zutaten halbieren, das Ei durch ein Eigelb ersetzen. Den kleinen Kuchen nur 40 – 50 Min. backen.

SÜDTIROLER APFELSTRUDEL

Strudel sind immer aus hauchdünnem Teig? Denkste! Der hier ist ein Traum aus üppigem Teig und noch mehr Füllung. Nachahmung dringend empfohlen.

Für den Teig:
300 g Mehl
1 gestr. TL Backpulver
125 g Zucker
1 Pck. Vanillezucker
Salz
125 g kalte Butter
1 TL abgeriebene Bio-Zitronenschale
1 Ei

Für den Belag:
30 g Butter
4 EL Semmelbrösel
4 gestr. EL Zucker
3 große Äpfel (ca. 600 g, z. B. Jazz, Cox orange)
2 EL Grappa (ersatzweise Apfelsaft)
30 g Sultaninen
ca. 1/4 TL gemahlener Zimt
30 g Walnusskerne

Außerdem:
Mehl zum Arbeiten
1 Eigelb zum Bestreichen
Puderzucker zum Bestäuben

Alpenküche der Extraklasse

Für ca. 10 Stücke | 40 Min. Zubereitung | 1 Std. Kühlen | 35 Min. Backen
Pro Stück ca. 375 kcal, 5 g EW, 16 g F, 50 g KH

1 Für den Teig das Mehl mit Backpulver, Zucker, Vanillezucker und 1 Prise Salz in einer Schüssel mischen. Die Butter in kleinen Stücken hinzufügen. Alles mit den Fingern zu Bröseln verreiben. Die Zitronenschale dazugeben. Das Ei mit 1 EL Wasser verquirlen und dazugeben. Alle Zutaten rasch zu einem glatten Teig verkneten. Den Teig zu einer dicken Rolle formen, etwas flach drücken, in Frischhaltefolie wickeln und ca. 1 Std. kalt stellen.

2 Für den Belag die Butter in einer Pfanne aufschäumen, die Semmelbrösel darin bei mittlerer Hitze goldbraun anrösten, 1 EL Zucker untermischen. Abkühlen lassen.

3 Äpfel schälen, achteln und das Kerngehäuse entfernen (z. B. mit einem Apfelteiler). Achtel nochmals längs halbieren, quer in feine Scheiben schneiden. Mit restlichem Zucker, Grappa, Sultaninen und Zimt mischen. Walnüsse grob hacken und untermischen.

4 Einen großen Gefrierbeutel (10 l) oder ein großes Stück Backpapier (mind. ca. 40 × 50 cm) mit Mehl bestäuben. Den Teig daraufgeben und mit der bemehlten Teigrolle zu einem gleichmäßig dicken Rechteck von ca. 30 × 40 cm ausrollen. Die Kanten gerade schneiden. Den Backofen auf 180° vorheizen.

5 Die Teigplatte mit den Semmelbröseln bestreuen, dabei an den Längsseiten oben und unten jeweils ca. 5 cm freilassen. Die Apfelscheiben auf den Bröseln verteilen. Die seitlichen Ränder etwas einschlagen, dann die Längsseiten mithilfe der Folie über die Äpfel schlagen, die Nahtstellen gut zusammendrücken. Den Strudel mithilfe der Folie mit der Naht nach unten vorsichtig auf das mit Backpapier belegte Backblech gleiten lassen. Falls dabei Risse entstehen, diese mit den Teigresten verschließen.

6 Das Eigelb mit 1 – 2 EL Wasser verquirlen und den Strudel damit bepinseln. Im Ofen (Mitte) 30 – 35 Min. backen. Herausnehmen, abkühlen lassen und mit Puderzucker bestäuben. Mit einem Sägemesser in dicke Scheiben schneiden. Am besten lauwarm servieren, z. B. mit Vanilleeis.

GEDECKTER APFELKUCHEN

Unter der nussigen Knusperhülle versteckt sich eine dicke Schicht sanft gegarter Apfelstückchen und Rosinen. Besser geht's nicht!

Für den Teig:
300 g Mehl
150 g Zucker
Salz
1 Ei
170 g kalte Butter
Für die Füllung:
60 g Haselnusskerne
900 g Äpfel (z. B. Boskop)
70 g Zucker
50 g Rosinen
2 Zwiebäcke
Außerdem:
50 g Butter
50 g Zucker

Zeitlos fein

Für 1 Springform von 26 cm ∅ (12 Stücke) | 45 Min. Zubereitung | 30 Min. Kühlen | 40 Min. Backen
Pro Stück ca. 400 kcal, 4 g EW, 19 g F, 51 g KH

1 Für den Teig das Mehl in eine Schüssel geben, eine Mulde hineindrücken. Zucker, 1 Prise Salz und verquirltes Ei hineingeben. Die Butter in Stückchen auf dem Mehlrand verteilen.

2 Die Zutaten in der Mulde mit einer Gabel leicht vermischen (Bild 1), dann alles mit den Fingern zu Bröseln verreiben. Rasch zu einem glatten Teig zusammenkneten. Teig in Frischhaltefolie wickeln und ca. 30 Min. kalt stellen

3 Für die Füllung die Haselnüsse in einer Pfanne ohne Fett leicht rösten, abkühlen lassen. Die Äpfel schälen, achteln und das Kerngehäuse entfernen (z. B. mit einem Apfelteiler). Die Achtel quer in dünne Scheiben schneiden hobeln. Mit Zucker, Rosinen und der Hälfte der Nüsse mischen. Den Backofen auf 200° vorheizen.

4 Zwei Drittel des Teiges zwischen zwei aufgeschnittenen Gefrierbeuteln rund (ca. 32 cm) ausrollen. Die obere Folie abziehen, Teigplatte in die Form stürzen, zweite Folie abziehen. Den Teig in die Form drücken, dabei einen ca. 3 cm hohen Rand formen. Den Boden mehrmals mit einer Gabel einstechen (Bild 2).

5 Den Zwieback im Mixer fein zerbröseln und auf den Teigboden streuen, die Apfelfüllung darauf verteilen (Bild 3). Den restlichen Teig ebenfalls rund (ca. 26 cm) ausrollen und auf die Apfelfüllung legen. Am Rand etwas andrücken.

6 Butter in einem Topf zerlassen, mit Zucker und den übrigen Nüssen mischen und auf dem Teig verteilen. Kuchen im Ofen (unten) ca. 40 Min. backen. Herausnehmen, etwas abkühlen lassen, mit einem Messer vom Rand lösen und ganz auskühlen lassen.

1

2

3

»TORTA DI MELE« MIT PINIENKERNEN

60 g Pinienkerne | 100 g Butter | 1 kg Äpfel (z. B. Jonagold) | 2 EL Zitronensaft | 2 Eier | 180 g Zucker | fein abgeriebene Schale von 1 Bio-Zitrone | 120 g Mehl | 1 TL Backpulver | Fett für die Form | Puderzucker zum Bestäuben

Dolce Vita aus Italien

Für 1 Springform von 26 cm ∅ oder 1 Tarteform mit Hebeboden (12 Stücke) |
25 Min. Zubereitung | 1 Std. Backen
Pro Stück ca. 230 kcal, 3 g EW, 11 g F, 29 g KH

1 Die Pinienkerne (bis auf 2 EL) in einer Pfanne ohne Fett anrösten und abkühlen lassen. Die Butter zerlassen. Die Äpfel schälen, achteln und das Kerngehäuse entfernen (z. B. mit einem Apfelteiler). Die Achtel quer in dünne Scheiben schneiden und mit dem Zitronensaft vermischen.

2 Den Backofen auf 180° vorheizen. Die Eier mit Butter, Zucker und Zitronenschale mit einem Schneebesen verrühren. Das Mehl mit dem Backpulver mischen, gut unterrühren. Äpfel und geröstete Pinienkerne sorgfältig untermischen.

3 Den Boden der Springform mit Backpapier belegen, den Rand einfetten. Den Teig einfüllen und glatt streichen. Restliche Pinienkerne darüberstreuen. Den Kuchen im Ofen (unten) 50 – 60 Min. backen. Falls die Oberfläche zu dunkel wird, mit Backpapier abdecken. Herausnehmen, etwas abkühlen lassen, aus der Form lösen und in Stücke schneiden. Mit Puderzucker bestäuben.

TIPP

Servieren Sie den Kuchen doch mal wie die Italiener: lauwarm als Dessert.

TARTE TATIN

200 g Mehl | 3 EL + 100 g feinster Zucker | Salz | 160 g kalte Butter | 1 Eigelb | 6 kleine Äpfel (ca. 750 g, z. B. Topaz) | Mehl zum Arbeiten

Mit französischer Raffinesse

Für 1 Tarte-tatin-Form oder ofenfeste Pfanne von 24 cm ∅ (12 Stücke) | 25 Min. Zubereitung | 30 Min. Kühlen | 35 Min. Backen
Pro Stück ca. 225 kcal, 2 g EW, 12 g F, 28 g KH

1 Mehl mit 3 EL Zucker und 1 Prise Salz in eine Schüssel geben. 100 g kalte Butter in Stücken hinzufügen. Alles mit den Fingern zu Bröseln verreiben. Eigelb mit 1 EL Wasser verquirlen und dazugeben. Alles rasch zu einem glatten Teig verkneten. In Folie wickeln und ca. 30 Min. kalt stellen.

2 Den Backofen auf 200° vorheizen. Äpfel schälen, vierteln und das Kerngehäuse entfernen. Übrige 100 g Zucker in die Form streuen, bei mittlerer Hitze auf dem Herd karamellisieren lassen. Vom Herd ziehen. Die Äpfel mit der Wölbung nach unten kreisförmig in die Form legen, die übrige Butter in kleinen Stücken darauf verteilen.

3 Den Teig auf der bemehlten Arbeitsfläche rund (ca. 26 cm ∅) ausrollen. Mithilfe der Teigrolle auf die Äpfel legen, rundherum in die Form drücken. Mit einer Gabel mehrmals einstechen. Die Tarte im Ofen (Mitte) ca. 35 Min. backen, herausholen und ca. 5 Min. abkühlen lassen. Eine Tortenplatte darauflegen und die Tarte stürzen.

TIPP

Wenn es mal schnell gehen muss, bereite ich die Tarte mit Blätterteig aus dem Kühlregal zu. Einfach passend zuschneiden, auf die Äpfel legen und bei 210° ca. 20 Min. backen.

ECHTE ENTDECKUNGEN

Äpfel passen wirklich zu (fast) allem. Deshalb lassen sich damit auch die schönsten Experimente machen. Warum also nicht mal eine Portion Apfelmus im Käsekuchen verstecken, den beliebten Becherkuchen mit Apfelstückchen aufpeppen oder Äpfel mit Rosmarin aromatisieren? Alles geht. Entdecken Sie neue Möglichkeiten!

APFEL-KÄSEKUCHEN MIT MOHNSTREUSELN

Ich liebe Mohn und ich liebe Streusel. Weil beides hervorragend mit Äpfeln harmoniert, liegt diese Kombination einfach auf der Hand. Mein neuer Favorit!

Für den Teig:
250 g Mehl | Salz
50 g gemahlener Mohn
130 g Zucker
140 g weiche Butter
1 Eigelb
Für die Füllung:
500 g Magerquark
250 g Crème fraîche
120 g Zucker
2 Eier
1 Pck. Vanillezucker
1 Pck. Vanillepuddingpulver
200 g Apfelmus aus dem Glas oder selbst gemacht (siehe S. 13)
Außerdem:
400 g Äpfel (z. B. Kanzi)
1 EL Zitronensaft
ca. 100 g Pflaumen-Fruchtaufstrich oder Pflaumenmus

Gut vorzubereiten

Für 1 quadratische Springform von 23 x 23 cm (12 Stücke) | 40 Min. Zubereitung | 1 Std. 15 Min. Backen | 12 Std. Kühlen
Pro Stück ca. 440 kcal, 11 g EW, 21 g F, 51 g KH

1 Den Backofen auf 180° vorheizen. Für den Teig das Mehl mit 1 Prise Salz, Mohn und Zucker in einer Schüssel mischen. Die Butter in Stückchen und das Eigelb hinzufügen und alles erst mit den Knethaken des Handrührgeräts, dann mit den Händen zu einem leicht krümeligen Teig verkneten.

2 Boden der Springform mit Backpapier belegen. Ca. 200 g Teig abnehmen, den restlichen Teig in die Form geben und an den Boden drücken. Mit einer Gabel mehrmals einstechen. Im Ofen (Mitte) 15 – 18 Min. backen. Herausnehmen, ca. 15 Min. abkühlen lassen. Den Ofen nicht ausschalten.

3 Die Zutaten für die Füllung glatt rühren. Äpfel schälen, achteln und das Kerngehäuse entfernen (z. B. mit einem Apfelteiler). Die Achtel in Spalten schneiden und mit Zitronensaft beträufeln.

4 Die Apfelspalten mit der Wölbung von der Mitte zum Rand hin kreisförmig leicht überlappend auf dem Teigboden verteilen. Die Füllung darübergießen. Den Pflaumenaufstrich mit einem Teelöffel in kleinen Klecksen auf der Oberfläche verteilen. Den restlichen Teig zu Streuseln formen und dazwischen verteilen. Den Kuchen im Ofen (unten) ca. 1 Std. backen. Falls die Oberfläche zu dunkel wird, mit Backpapier abdecken. Kuchen ca. 15 Min. im ausgeschalteten Ofen nachbacken lassen. Herausnehmen, den Rand mit einem Messer von der Form lösen, abkühlen lassen. Aus der Form lösen und am besten über Nacht auskühlen lassen.

TIPP

Selbstverständlich kann man den Kuchen auch in einer normalen runden Springform von 26 cm ∅ backen.

Cinquième Mille

APPLE CARROT CAKE

70 g getrocknete Physalis (ersatzweise getr. Cranberrys) | 5 EL Apfelsaft | 270 g Rohrohrzucker | 300 g Mehl | ½ TL Salz | 2 TL Backpulver | 1 geh. TL gemahlener Zimt | 100 g Walnusskerne | 3 kleine Äpfel (ca. 350 g, z. B. Topaz) | 250 g Möhren | 200 ml Sonnenblumenöl | 3 Eier | 150 g Ingwermarmelade (Ginger Jam) | Öl für die Form

Saftiges Rührstück

Für 1 rechteckige Backform von ca. 23 × 30 cm (12 Stücke) |
40 Min. Zubereitung | 35 Min. Backen
Pro Stück ca. 480 kcal, 6 g EW, 24 g F, 60 g KH

1 Die Physalis mit dem Apfelsaft in einen kleinen Topf geben, einmal aufkochen, dann zugedeckt ca. 15 Min. ziehen lassen. Den Zucker mit Mehl, Salz, Backpulver und Zimt mischen.

2 Den Backofen auf 200° vorheizen. Die Walnüsse grob hacken. Die Äpfel schälen, vom Kerngehäuse befreien und grob raspeln. Die Möhren schälen und fein reiben.

3 Die Physalis abtropfen lassen und dabei den Saft auffangen. Die Früchte grob hacken. Das Öl und die Eier verquirlen. Die Möhren und Äpfel (jeweils 200 g abwiegen) mit einem Löffel rasch unterrühren. Die Mehlmischung unterrühren. Die Walnüsse und die Physalis unterziehen.

4 Die Form mit Backpapier auslegen, den Rand leicht einölen. Den Teig einfüllen und glatt streichen. Im Ofen (Mitte) 30 – 35 Min. backen. Den aufgefangenen Apfelsaft und die Marmelade in einem Topf unter Rühren etwas erwärmen. Den noch heißen Kuchen mehrmals einstechen und damit bepinseln. Auskühlen lassen.

APFEL-SCHOKO-SCHNITTEN

200 g weiche Butter | 200 g Zucker | 5 Eier | 150 g Mehl | 150 g gemahlene Haselnüsse | 2 gestr. TL Backpulver | 1 TL Lebkuchengewürz | 100 ml Milch | 150 g Zartbitterkuvertüre | 800 g Äpfel (z. B. Elstar) | Fett und Mehl oder Semmelbrösel für die Form

Simpel & gut

Für 1 rechteckige Backform von ca. 23 × 30 cm (10 Stücke) | 25 Min. Zubereitung | 1 Std. Backen
Pro Stück ca. 530 kcal, 8 g EW, 35 g F, 46 g KH

1 Butter und Zucker mit den Quirlen des Handrührgeräts cremig rühren. Eier einzeln ca. ½ Min. unterschlagen. Mehl mit Nüssen, Backpulver und Lebkuchengewürz mischen, abwechselnd mit der Milch rasch unterrühren. 100 g Kuvertüre fein hacken, unterheben. Backofen auf 170° vorheizen.

2 Die Form einfetten und mit Mehl bestauben, überschüssiges Mehl herausklopfen. Den Teig einfüllen und glatt streichen.

3 Die Äpfel schälen, achteln und die Kerngehäuse entfernen (z. B. mit einem Apfelteiler). Die Achtel in Längsreihen mit etwas Abstand auf dem Teig verteilen, dabei leicht andrücken. Den Kuchen im Ofen (unten) ca. 1 Std. backen. Herausnehmen, auskühlen lassen und aus der Form lösen.

4 Die restliche Kuvertüre über dem heißen Wasserbad schmelzen. Von einem Löffel in dünnen Streifen über den Kuchen laufen lassen.

TIPP

Sie können den Kuchen auch auf dem Backblech zubereiten. Einfach die Zutaten verdoppeln. Die Backzeit bleibt gleich.

APFELSTRUDEL 1001 NACHT

Die orientalische Küche liebt duftende Gewürze – hier treffen Äpfel und getrocknete Feigen auf Rosenwasser und Kardamom, umhüllt von hauchdünnem Knusperteig.

3 große Äpfel (ca. 550 g, z. B. Topaz)
4 EL Butter
2 EL flüssiger Honig
50 g Mandelstifte
20 g gehackte Pistazien
ca. 2 EL Rosenwasser
1 TL gem. Kardamom
80 g getrocknete Feigen
2 EL brauner Zucker
2 Blätter Strudelteig (aus dem Kühlregal, ca. 35 × 45 cm)
Mandelstifte und gehackte Pistazien zum Bestreuen

Orientexpress vom Feinsten

Für 1 Strudel (6 – 8 Stücke) | 40 Min. Zubereitung | 25 Min. Backen
Pro Stück (bei 8) ca. 205 kcal, 4 g EW, 10 g F, 26 g KH

1 Die Äpfel schälen, achteln und das Kerngehäuse entfernen (z. B. mit einem Apfelteiler). Die Achtel in 1 – 2 cm große Stücke schneiden. In einem Topf die Butter zerlassen, den Honig unterrühren und aufkochen. Mandelstifte und Pistazien unterrühren, ca. 3 Min. köcheln, dabei ab und zu umrühren.

2 Die Apfelstücke sorgfältig unterrühren und kurz andünsten. Das Rosenwasser und den Kardamom unterrühren. Zugedeckt ca. 5 Min. dünsten (die Äpfel sollen weich sein, aber nicht zerfallen). In ein Sieb abgießen, dabei den Sud auffangen. Die Äpfel abkühlen lassen. Den Backofen auf 180° vorheizen. Die getrockneten Feigen in kleine Würfel schneiden und mit dem braunen Zucker unter die abgekühlten Äpfel mischen.

3 Ein Strudelteigblatt auf einen Bogen Backpapier legen und mit Honigsud bepinseln. Das zweite Teigblatt darauflegen. Die Äpfel als Streifen im unteren Drittel des Teigblattes verteilen, die Seiten etwas einschlagen, dann mithilfe des Backpapiers locker aufrollen (die Naht soll unten liegen).

4 Den Strudel mit dem Papier auf das Backblech heben und mit dem restlichen Honigsud bepinseln. Im heißen Ofen (Mitte) in 20 – 25 Min. goldbraun backen. Ca. 10 Min. vor Ende der Backzeit mit Mandelstiften und Pistazien bestreuen. Den Strudel herausnehmen, samt Papier auf ein Kuchengitter ziehen. Abkühlen lassen und mit einem Sägemesser in dicke Stücke schneiden.

LINZER APFELTARTE

Der berühmte Klassiker mit dem mürben Teiggitter präsentiert sich hier mal anders – mit Apfelgelee und gemahlenen Walnüssen. Ein echter Volltreffer!

Für den Teig:
100 g Walnusskerne
80 g gemahlene Mandeln
180 g Mehl | Salz
130 g Zucker
1 Pck. Vanillezucker
½ gestr. TL gemahlener Zimt
1 Msp. gemahlene Nelken
170 g weiche Butter
1 Eigelb
Außerdem:
2 Äpfel (ca. 300 g, z. B. Elstar)
2 EL Zitronensaft
fein abgeriebene Schale von ½ Bio-Zitrone
200 g Apfel- oder Quittengelee
1 Ei
Mehl zum Arbeiten
Puderzucker zum Bestäuben

Macht Eindruck

Für 1 Tarteform mit Hebeboden von 26 cm ∅ (12 Stücke) | 40 Min. Zubereitung | 30 Min. Kühlen | 40 Min. Backen | 15 Min. Abkühlen
Pro Stück ca. 355 kcal, 5 g EW, 21 g F, 36 g KH

1 Für den Teig die Walnüsse im Mixer mahlen, mit Mandeln, Mehl, 1 Prise Salz, Zucker, Vanillezucker und den Gewürzen mischen. Butter und verquirltes Eigelb dazugeben, erst mit den Knethaken des Handrührgeräts, dann mit den Händen rasch zu einem glatten Teig verkneten. Zur Kugel formen, etwas flacher drücken, in Frischhaltefolie wickeln und ca. 30 Min. kalt stellen.

2 Inzwischen die Äpfel schälen, achteln und das Kerngehäuse entfernen (z. B. mit einem Apfelteiler) (Bild 1). Die Achtel in dünne Spalten schneiden. Mit Zitronensaft und -schale vermischen. Den Backofen auf 180° vorheizen.

3 Zwei Drittel des Teigs (Rest wieder kalt stellen) zwischen zwei aufgeschnittenen Gefrierbeuteln etwas größer als die Form rund ausrollen. Die obere Folie abziehen, den Teig in die Form stürzen und die zweite Folie abziehen. Den Teig in die Form drücken, dabei einen 1 – 2 cm hohen Rand formen (Bild 2). 150 g Gelee glatt rühren, auf dem Teig verstreichen und kreisförmig mit den Apfelspalten belegen. Das restliche Gelee in einem Topf unter Rühren erhitzen und die Äpfel damit bepinseln.

4 Restlichen Teig auf der bemehlten Arbeitsfläche mit bemehlten Händen zu ½–1 cm dicken Röllchen formen (Bild 3), etwas flach drücken und gitterförmig auf die Äpfel setzen. Am Rand leicht andrücken. Das Ei mit 1 TL Wasser verquirlen und das Teiggitter damit bepinseln. Tarte im Ofen (unten) 35 – 40 Min. backen. Herausnehmen, ca. 15 Min. abkühlen lassen, den Rand von der Form lösen. Mit Puderzucker bestäuben und auskühlen lassen.

1

2

3

KNUSPRIGER BECHERKUCHEN

4 Äpfel (ca. 600 g, z. B. Topaz) | Saft und fein abgeriebene Schale von ½ Bio-Zitrone | 2 Becher Sahne (à 200 g) | 2 Becher Zucker (ca. 200 g) | 2 Pck. Vanillezucker | 3 Becher Mehl (ca. 400 g) | 1 Pck. Backpulver | 4 Eier | 125 g Butter | 5 EL Milch | je 1 Becher kernige Haferflocken, Haselnussblättchen und Mandelstifte (je ca. 100 g) | ½ TL gemahlener Zimt | Fett für das Blech

Kernig mit Haferflocken

Für 1 Backblech (20 Stücke) |
25 Min. Zubereitung | 35 Min. Backen
Pro Stück ca. 370 kcal, 6 g EW, 19 g F, 42 g KH

1 Äpfel schälen, achteln und das Kerngehäuse entfernen (z. B. mit einem Apfelteiler). Achtel in 1 – 2 cm große Stücke schneiden, mit Zitronensaft mischen. Den Backofen auf 190° vorheizen.

2 Die Sahne in eine Schüssel gießen, Zitronenschale hinzufügen. Den Becher säubern. 1 Becher Zucker abmessen, mit 1 Pck. Vanillezucker zur Sahne geben. Das Mehl abmessen, mit Backpulver mischen. Die Sahnemischung 2 – 3 Min. aufschlagen, die Eier einzeln unterrühren. Dann die Mehlmischung rasch unterrühren. Das Blech einfetten, den Teig darauf verstreichen, mit den Apfelstücken bestreuen. Im Ofen (Mitte) ca. 20 Min. backen.

3 Die Butter zerlassen. Den 2. Becher Zucker, das übrige Päckchen Vanillezucker und die Milch unterrühren, aufkochen. Haferflocken, Haselnussblättchen, Mandelstifte und Zimt gut unterrühren.

4 Die Haferflocken-Nuss-Mischung esslöffelweise auf dem Kuchen verteilen und mit dem Löffelrücken vorsichtig verstreichen. Den Kuchen weitere ca. 15 Min. (Mitte) backen. Auskühlen lassen.

APFEL-KROKANT-KRANZ MIT CRANBERRYS

600 g Äpfel (z. B. Idared) | 2 EL Zitronensaft | fein abgeriebene Schale von 1 Bio-Zitrone | 80 g getrocknete Cranberrys | 250 g weiche Butter | 200 g Rohrohrzucker | 1 Pck. Vanillezucker | 3 Eier | 300 g Mehl | 50 g Speisestärke | 1 Pck. Backpulver | 200 g Sahne | 150 g Haselnusskrokant | Fett und Semmelbrösel für die Form | Puderzucker zum Bestäuben

Eine runde Sache

Für 1 Kranzform / Springform mit Rohrboden von 26 cm ∅ (20 Stücke) |
25 Min. Zubereitung | 1 Std. 10 Min. Backen |
50 Min. Ruhen und Abkühlen
Pro Stück ca. 295 kcal, 3 g EW, 16 g F, 35 g KH

1 Äpfel schälen, achteln und das Kerngehäuse entfernen (z. B. mit einem Apfelteiler). Die Achtel in 1–2 cm große Stücke schneiden. Mit Zitronensaft, Zitronenschale und Cranberrys vermischen. Den Backofen auf 180° vorheizen.

2 Butter mit Zucker und Vanillezucker cremig rühren. Eier einzeln je ca. ½ Min. unterschlagen. Mehl mit Stärke und Backpulver mischen, abwechselnd mit der Sahne rasch unterrühren. Apfelmischung und 100 g Krokant sorgfältig unterheben.

3 Die Form einfetten und mit Semmelbröseln ausstreuen. Den Teig einfüllen und glatt streichen. Im Ofen (Mitte) ca. 70 Min. backen, nach ca. 45 Min. mit Backpapier abdecken. Den fertigen Kuchen noch ca. 30 Min. im ausgeschalteten Ofen ruhen lassen. Herausnehmen, ca. 20 Min. abkühlen lassen, dann vorsichtig stürzen. Die Oberfläche noch warm mit dem übrigen Krokant bestreuen, etwas andrücken. Den Apfel-Krokant-Kranz auskühlen lassen und mit Puderzucker bestäuben.

APPLE-CHEESECAKE MIT ROSMARIN

Kühlschranktorten sind vor allem in der heißen Jahreszeit ein Hit. Für diese Variante habe ich Äpfel mit Frischkäse und mediterranen Kräutern kombiniert. Passt!

100 g Butter
50 g Amarettini (ital. Mandelkekse)
70 g Zwieback
6 Blatt Gelatine
350 g Doppelrahmfrischkäse
200 g Vollmilchjoghurt
100 ml Zitronensaft
fein abgeriebene Schale von 1 Bio-Zitrone
100 g Zucker
250 g Sahne
100 ml Apfelsaft

Außerdem:

500 g feste, säuerliche Äpfel (z. B. Fuji)
einige Spritzer Zitronensaft
3 Blatt Gelatine
250 ml Apfelsaft
1 Rosmarinzweig
Thymian- oder Lavendelblüten zum Garnieren (nach Belieben)

Ohne Backen

Für 1 Springform von 26 cm ∅ (12 Stücke) | 45 Min. Zubereitung | 4 Std. Kühlen
Pro Stück ca. 345 kcal, 6 g EW, 24 g F, 21 g KH

1 Die Butter zerlassen. Die Amarettini und den Zwieback im Mixer fein zerbröseln und in eine Schüssel geben. Die Butter dazugeben, alles gründlich vermischen. Den Boden der Form mit Backpapier belegen. Die Bröselmasse darauf verteilen und an den Boden andrücken. Kalt stellen.

2 Die Gelatine in kaltem Wasser einweichen. Den Frischkäse mit Joghurt, Zitronensaft, -schale und Zucker glatt rühren. Die Sahne steif schlagen. Den Apfelsaft in einem kleinen Topf leicht erwärmen. Die Gelatine leicht ausdrücken und im Apfelsaft auflösen. Einige Löffel Joghurtcreme mit der Saftmischung verrühren. Diese Mischung mit der restlichen Joghurtcreme verrühren. Die Sahne unterheben. Die Creme auf den Bröselboden gießen und das Ganze zugedeckt mind. 2 Std. kalt stellen.

3 Die Äpfel schälen, achteln und das Kerngehäuse entfernen (z. B. mit einem Apfelteiler). Die Achtel fein würfeln und sofort mit dem Zitronensaft mischen. Die Gelatine in kaltem Wasser einweichen. Apfelsaft, Apfelstücke und Rosmarin in einem Topf zum Kochen bringen. Bei schwacher Hitze 3 – 4 Min. zugedeckt köcheln lassen (die Äpfel sollen noch etwas Biss haben).

4 Das Kompott vom Herd ziehen, den Rosmarin entfernen, die leicht ausgedrückte Gelatine unter Rühren dazugeben. Das Kompott handwarm abkühlen lassen, auf dem Kuchen verteilen und zugedeckt mindestens 2 Std. kalt stellen. Nach Belieben mit Thymian- oder Lavendelblüten garnieren.

GELIEBTE FAMILIENSCHÄTZE

Jeder kennt sie, jeder liebt sie: Kuchen, die sich auf Geburtstagen und Firmenfeiern einen festen Platz erobert haben und deren Rezepte immer gerne weitergegeben werden – an die Tochter, den Nachbarn, die Kollegin. Klar, dass Apfelkuchen dabei an erster Stelle stehen. Die Goldstücke aus meiner Rezeptsammlung will ich Ihnen natürlich nicht vorenthalten.

FRANZÖSISCHE APFELTARTE

Ein Familienfest ohne diese Tarte? Undenkbar für die große Patchwork-Family von meiner Freundin Sigrid. Nachdem ich sie probiert habe, weiß ich warum.

200 g Mehl
Salz
200 g kalte Butter
100 g feinster Zucker
800 g Äpfel (z. B. Boskop)
1 Ei
Fett für die Form

Einfach raffiniert

Für 2 Tarteformen mit Hebeboden (11 × 35 cm) oder 1 Springform von 28 cm ∅ (12 Stücke) | 35 Min. Zubereitung | 1 Std. Kühlen bzw. Einfrieren | 45 Min. Backen
Pro Stück ca. 245 kcal, 3 g EW, 15 g F, 25 g KH

1 Das Mehl auf die Arbeitsfläche sieben, 1 Prise Salz dazugeben. Die Hälfte der Butter in Stückchen darauf verteilen, alles mit den Fingern zu Bröseln verreiben. 3 EL kaltes Wasser darüberträufeln und die Zutaten zügig zu einem glatten Teig verkneten. Zur Kugel formen, etwas flacher drücken, in Frischhaltefolie wickeln und ca. 30 Min. kalt stellen.

2 Die Form einfetten. Den gekühlten Teig zwischen zwei großen Gefrierbeuteln für die Springform rund (ca. 30 cm) ausrollen. (Für die Tarteformen den Teig halbieren und jede Hälfte zwischen zwei Gefrierbeuteln zu einem langen Rechteck ausrollen.) Die obere Folie abziehen, den Teig in die Form stürzen. Die zweite Folie abziehen und die Form mit Teig auskleiden, dabei einen ca. 3 cm hohen Rand formen. Den Boden mehrmals einstechen und den Teig in der Form ca. 30 Min. einfrieren.

3 Den Backofen auf 200° vorheizen. Den gefrorenen Teig in der Form auf der mittleren Schiene 12 – 15 Min. vorbacken. Herausnehmen und den Ofen auf 160° herunterschalten.

4 Die restliche Butter zerlassen, den Zucker unterrühren und bei schwacher Hitze auflösen. Die Mischung von der Kochstelle nehmen, etwas abkühlen lassen. Das Ei unter Rühren hinzufügen.

5 Die Äpfel schälen, achteln und das Kerngehäuse entfernen (z. B. mit einem Apfelteiler). Achtel in dünne Spalten schneiden, dicht an dicht kreisförmig überlappend auf dem Teig auslegen. Das cremige Butter-Zucker-Gemisch auf den Äpfeln verteilen. Die Tarte im Ofen (Mitte) in 20 – 30 Min. goldbraun backen.

APFEL-GRIESSKUCHEN MIT PISTAZIEN

4–5 Äpfel (ca. 900 g, z. B. Elstar) | 2 EL Zitronensaft | 125 g weiche Butter | 130 g Zucker | 1 Ei | 100 g Mehl | ¼ TL Salz | ½ Pck. Backpulver | 120 g Maisgrieß (Polenta; ersatzweise Weichweizengrieß) | fein abgeriebene Schale von 1 Bio-Zitrone | 3 EL Orangenmarmelade | 2 EL gehackte Pistazien | Fett für die Form

Von der schnellen Truppe

Für 1 Springform von 26 cm ∅ (12 Stücke) |
25 Min. Zubereitung | 55 Min. Backen
Pro Stück ca. 235 kcal, 3 g EW, 10 g F, 33 g KH

1 Äpfel schälen, achteln und das Kerngehäuse entfernen (z. B. mit einem Apfelteiler). Die Achtel auf der gewölbten Seite 1–2-mal der Länge nach einschneiden, auf einen Teller geben und mit 1 EL Zitronensaft vermischen.

2 Für den Teig die Butter mit dem Zucker cremig rühren, das Ei ca. ½ Min. unterschlagen. Das Mehl mit Salz, Backpulver und Grieß mischen. Mit Zitronenschale und restlichem Zitronensaft rasch unterrühren. Den Backofen auf 180° vorheizen.

3 Den Boden der Form mit Backpapier belegen und den Rand einfetten. Den Teig hineingeben und gleichmäßig andrücken. Die Äpfel mit der Wölbung nach oben kreisförmig dicht an dicht darauf verteilen, dabei leicht in den Teig drücken. Im Ofen (Mitte) 45–55 Min. backen. Die Marmelade erwärmen, den Kuchen noch heiß damit bepinseln und mit den Pistazien bestreuen.

TIPP

Der Grieß gibt diesem Kuchen einen besonders feinen Biss. Probieren Sie ihn im Sommer auch mal mit frischen Kirschen.

MUTTIS GESTÜRZTER APFELKUCHEN

100 g Zucker | 1 Pck. Vanillezucker | Salz | 80 g weiche Butter | 2 Eier | 100 g Speisestärke | 80 g Mehl | 2 gestr. TL Backpulver | 2–3 EL Milch | 6 kleine Äpfel (ca. 750 g, z. B. Cox orange) | 2–3 EL Zimtzucker | 80 g Rosinen | Fett für die Form

Geht ganz schnell

Für 1 Springform von 26 cm ∅ (12 Stücke) | 20 Min. Zubereitung | 50 Min. Backen | 15 Min. Abkühlen
Pro Stück ca. 210 kcal, 2 g EW, 7 g F, 34 g KH

1 Zucker, Vanillezucker und 1 Prise Salz mit der weichen Butter in einer Schüssel cremig rühren. Die Eier einzeln je ca. ½ Min. unterschlagen. Die Stärke mit Mehl und Backpulver mischen und abwechselnd mit der Milch rasch unter den Teig rühren. Den Backofen auf 200° vorheizen.

2 Die Äpfel schälen, achteln und das Kerngehäuse entfernen (z. B. mit einem Apfelteiler). Die Springform mit Alufolie auslegen, einfetten und mit Zimtzucker bestreuen. Die Äpfel kreisförmig auf dem Boden verteilen, die Rosinen darüberstreuen. Den Teig darauf verteilen und glatt streichen (der Kuchen ist ziemlich flach).

3 Im Ofen (Mitte) ca. 50 Min. backen. Herausnehmen, ca. 15 Min. abkühlen lassen und den Rand mit einem spitzen Messer von der Form lösen. Kuchen vorsichtig stürzen und auskühlen lassen.

TIPP

Wenn keine Kinder mitessen, legt meine Mutter die Rosinen gerne ca. 2 Stunden in 2 EL Rum ein. Rum, der beim Abtropfen der Rosinen übrig bleibt, kommt später mit in den Teig und verleiht ihm so eine feine Note.

OMAS APFELBUCHTELN

Meine oberfränkische Großmutter nannte die Hefenudeln »Bainzle«. Von den herrlich buttrigen Randstücken konnten wir Kinder niemals genug kriegen.

Für den Teig:
400 g Mehl
50 g Zucker
½ Würfel Hefe
125 ml Milch
70 g Butter | 1 Ei
2 Eigelb | ¼ TL Salz
fein abgeriebene Schale
von 1 Bio-Zitrone
4 EL gemahlener Mohn
(nach Belieben)
Für die Füllung:
2 mürbe, säuerliche Äpfel
(ca. 350 g, z. B. Cox, Elstar)
2 EL Zitronensaft
2 EL Zimtzucker
Außerdem:
30 g weiches Butterschmalz
ca. 4 EL Zimtzucker
Mehl zum Arbeiten
Puderzucker zum Bestäuben
(nach Belieben)

Mit Liebe gemacht

Für 1 quadratische Backform von 20 × 20 cm (9 Stück) | 45 Min. Zubereitung | 1 Std. 30 Min. Ruhen | 40 Min. Backen
Pro Stück ca. 355 kcal, 7 g EW, 14 g F, 51 g KH

1 Für den Teig das Mehl in eine Schüssel sieben, eine Mulde hineindrücken. Den Zucker in die Mulde geben, die Hefe dazubröseln. Die Milch leicht erwärmen, ca. zwei Drittel davon in die Mulde gießen und mit Zucker, Hefe und etwas Mehl vom Rand verrühren. Den Teigansatz zugedeckt ca. 15 Min. gehen lassen.

2 Die Butter in der restlichen lauwarmen Milch zerlassen, Ei und Eigelbe unterrühren. Milchmischung, Salz und Zitronenschale (und nach Belieben Mohn) zum Teigansatz geben, alles mit den Knethaken des Handrührgeräts ca. 5 Min. verkneten. Die Schüssel abdecken und den Hefeteig an einem warmen Ort ca. 1 Std. gehen lassen, bis er sein Volumen mindestens verdoppelt hat.

3 Inzwischen für die Füllung die Äpfel schälen, achteln, vom Kerngehäuse befreien (z. B. mit einem Apfelteiler). Die Achtel in kleine Stücke schneiden, sofort mit Zitronensaft und Zimtzucker vermischen. Die Form mit der Hälfte des Butterschmalzes einfetten und mit ca. 2 EL Zimtzucker ausstreuen.

4 Den Teig auf die leicht bemehlte Arbeitsfläche geben, zu einer dicken Rolle formen und in neun gleich große Stücke schneiden. Die Teigportionen zu 12 – 15 cm großen Fladen flach drücken, dabei die Ränder etwas flacher drücken als die Mitte. Die Äpfel jeweils in der Mitte der Fladen aufhäufeln. Die Teigränder über die Füllung ziehen, zusammendrücken und gut verschließen.

5 Die Teigkugeln mit der Naht nach unten in die Form legen und weitere ca. 15 Min. zugedeckt gehen lassen. Das übrige Butterschmalz zerlassen und die Buchteln damit bepinseln. Mit dem restlichen Zimtzucker bestreuen. In den kalten Ofen schieben, bei 180° (Mitte) 30 – 40 Min. backen. Herausnehmen, ca. 5 Min. abkühlen lassen, aus der Form stürzen und voneinander lösen. Nach Belieben mit Puderzucker bestäuben.

TIPP Im Spätsommer hat meine Oma die Buchteln gerne mit entsteinten Zwetschgen gefüllt, in die sie vorab je ein Stück Würfelzucker gesteckt hat.

APFEL-SCHMANDKUCHEN

Meine Freundin Regina singt im Chor und verwöhnt ihre Mitsängerinnen gerne mit Selbstgebackenem. Wie alles von ihr ist auch dieser Apfelkuchen zum Jubeln gut!

200 g Mehl
75 g Zucker
gemahlene Vanille
100 g kalte Butter
1,2 kg Äpfel (z. B. Elstar)
2 EL Butter
250 g Schmand
1 Ei
75 g Zucker
½ TL gemahlene Vanille

Eine Wucht mit Frucht

Für 1 Springform oder Tarteform mit Hebeboden von 28 cm ∅ (12 Stücke) | 45 Min. Zubereitung | 2 Std. 15 Min. Kühlen | 1 Std. Backen
Pro Stück ca. 270 kcal, 3 g EW, 14 g F, 32 g KH

1 Mehl, Zucker und 1 gute Prise Vanille in einer Schüssel mischen. Die Butter in Stücken dazugeben, mit den Fingern zu Bröseln verreiben. 2 EL kaltes Wasser darüberträufeln und alles mit den Händen rasch zu einem glatten Teig verarbeiten. Zur Kugel formen, etwas flacher drücken und ca. 2 Std. kalt stellen.

2 Inzwischen für den Belag Äpfel schälen, achteln und entkernen (z. B. mit einem Apfelteiler). Die Achtel längs in 1 – 2 cm dicke Spalten schneiden (Bild 1). Die Butter in einer Pfanne zerlassen und die Äpfel darin bei schwacher Hitze 10 – 20 Min. (je nach Sorte) zugedeckt dünsten, bis sie beginnen zu zerfallen, aber noch etwas Biss haben (Bild 2). Zwischendurch die Pfanne rütteln, damit die Äpfel gleichmäßig garen. Abkühlen lassen.

3 Den Teig zwischen zwei großen Gefrierbeuteln (10 l) etwas größer als die Form ausrollen. Obere Folie abziehen, Teigplatte in die Form stürzen und die zweite Folie abziehen. Teig am Boden andrücken und einen kleinen Rand hochziehen. Den Boden mit einer Gabel mehrmals einstechen. Nochmals ca. 15 Min. kalt stellen. Den Backofen auf 180° vorheizen.

4 Schmand, Ei, Zucker und gemahlene Vanille verrühren. Das Apfelkompott auf dem Teigboden verteilen und glatt streichen. Den Schmandguss darübergießen (Bild 3) und durch Schwenken der Form gleichmäßig verteilen. Den Kuchen im Ofen (unten) in ca. 1 Std. hellbraun backen. Herausnehmen und etwas abkühlen lassen. Den Rand lösen und den Kuchen ganz auskühlen lassen.

1

2

3

ÄPPELTÅRTA MIT HIMBEEREN

Ein echtes Highlight an den Geburtstagen meines lieben Kollegen Reiner. Unvergesslich ist das Jahr, in dem er beim Backen Salz und Zucker verwechselt hat!

Für den Teig:
125 g weiche Butter
125 g Zucker
2 Eier
fein abgeriebene Schale von 1 Bio-Zitrone
125 g Mehl
¼ TL Backpulver

Für die Füllung:
100 g Himbeeren (ersatzweise TK-Beeren)
350 g Äpfel (z. B. Kanzi)
50 g Butter | 35 g Zucker
1 Pck. Vanillezucker
½ TL gemahlener Kardamom

Für das Topping:
2 Eiweiß
75 g Zucker

Prachtstück aus Schweden

Für 1 Mini-Springform von 20 cm ∅ (8 Stücke) | 40 Min. Zubereitung | 45 Min. Backen
Pro Stück ca. 510 kcal, 34 g EW, 20 g F, 47 g KH

1 Den Backofen auf 200° vorheizen. Für den Teig die Butter mit dem Zucker cremig rühren. Die Eier einzeln je ca. ½ Min. unterschlagen, die Zitronenschale hinzufügen. Das Mehl mit dem Backpulver mischen und kurz unterrühren.

2 Den Boden der Form mit Backpapier belegen. Die Hälfte des Teiges einfüllen und glatt streichen. Im Ofen (Mitte) ca. 15 Min. backen. Herausnehmen, etwas abkühlen lassen. Aus der Form lösen und ganz auskühlen lassen. Restlichen Teig ebenso backen, in der Form auskühlen lassen. Den Backofen nicht ausschalten.

3 Während die Böden backen, für die Füllung die Himbeeren vorsichtig waschen und trocken tupfen (TK-Beeren antauen lassen). Die Äpfel schälen, achteln und das Kerngehäuse entfernen (z. B. mit einem Apfelteiler). Achtel in dünne Spalten schneiden. Die Butter in einem weiten Topf aufschäumen, Zucker, Vanillezucker und Kardamom hinzufügen, 1–2 Min. leicht karamellisieren lassen. Die Apfelspalten darin kurz andünsten, dann zugedeckt ca. 5 Min. bei schwacher Hitze garen (sie sollen nicht zerfallen).

4 Für das Topping die Eiweiße steif schlagen, den Zucker einrieseln lassen und ca. 3 Min. weiterschlagen. Die Äpfel auf dem Kuchenboden in der Form verteilen, die Himbeeren daraufgeben. Den zweiten Boden daraufsetzen, etwas andrücken. Darauf den Eischnee wolkenartig verteilen. Im Ofen (Mitte) 10–15 Min. goldbraun überbacken. Vorsichtig aus der Form lösen.

TIPP **Wenn viele Gäste kommen, einfach die Mengen verdoppeln und den Kuchen in einer Springform von 26 cm ∅ backen.**

SPANISCHER APFELKUCHEN

500 g Äpfel (z. B. Topaz) | 3 EL Rum (ersatzweise Orangensaft) | 200 g weiche Butter | 200 g Zucker | 2 Pck. Vanillezucker | 4 Eier | 200 g Mehl | 1 EL Kakaopulver | 2 gestr. TL gemahlener Zimt | 1 Pck. Backpulver | 30 g geschälte Mandeln

Mit Mandeln & Zimt

Für 1 Springform von 26 cm ∅ (12 Stücke) |
25 Min. Zubereitung | 1 Std. Backen
Pro Stück ca. 325 kcal, 5 g EW, 18 g F, 34 g KH

1 Die Äpfel schälen, achteln, das Kerngehäuse entfernen (z. B. mit einem Apfelteiler). Achtel quer in dünne Scheiben schneiden. Mit dem Rum mischen. Den Backofen auf 190° vorheizen.

2 Die Butter mit dem Zucker und dem Vanillezucker cremig rühren. Die Eier einzeln je ca. ½ Min. unterschlagen. Das Mehl mit Kakao, Zimt und Backpulver mischen und kurz unterrühren.

3 Den Boden der Form mit Backpapier belegen, zwei Drittel des Teiges einfüllen und die Apfelscheiben darauf verteilen. Den restlichen Teig darübergeben und glatt streichen. Die Mandeln im Ganzen dekorativ darauf verteilen, etwas andrücken. Den Kuchen im Ofen (Mitte) ca. 1 Std. backen. Herausnehmen, auskühlen lassen.

TIPP

Zu einem Weihnachtshit wird dieser Kuchen, wenn Sie den Zimt durch Lebkuchengewürz ersetzen und zusätzlich 50 g fein gehacktes Orangeat unter den Teig rühren. Servieren Sie am besten einen heißen Apfelpunsch dazu!

APFEL-NUSS-BROT

750 g geraspeltes Apfelfruchtfleisch (von ca. 900 g Äpfeln, z. B. Cox orange) | 250 g brauner Zucker | 250 g Cranberrys (ersatzweise Rosinen) | 4 EL Rum oder Kirschwasser (ersatzweise Apfelsaft) | 200 g Haselnusskerne | 500 g Mehl | 1 ½ Pck. Backpulver | 1 EL Kakaopulver | 1 TL gemahlener Zimt | ½ TL gemahlene Nelken | 2 TL Lebkuchengewürz | ½ TL Salz | 2 – 3 EL Milch | 1 Eiweiß | Fett für die Form

Duftet nach Weihnachten

Für 1 Kastenform von 30 cm Länge (14 Stücke) | 30 Min. Zubereitung | 12 Std. Ruhen | 1 Std. 25 Min. Backen
Pro Stück ca. 425 kcal, 15 g EW, 10 g F, 66 g KH

1 Am Vortag die geraspelten Äpfel mit dem Zucker und die Cranberrys mit dem Rum oder Kirschwasser mischen. Jeweils zugedeckt über Nacht ziehen lassen. Die Nüsse in einer Pfanne ohne Fett anrösten, bis sich die Häutchen lösen. Kurz abkühlen lassen, dann die braunen Häutchen zwischen den Handflächen abreiben. Auskühlen lassen.

2 Am nächsten Tag den Backofen auf 180° vorheizen. Das Mehl mit den gerösteten Haselnüssen, Backpulver, Kakao und den Gewürzen mischen. Die Apfelraspel, die eingeweichten Cranberrys und die Milch unterrühren.

3 Die Form einfetten, den Teig einfüllen, glatt streichen und mit verquirltem Eiweiß bepinseln. Im Ofen (unten) 75 – 85 Min. backen. Herausnehmen, kurz abkühlen lassen. Stürzen und ganz auskühlen lassen. In dicke Scheiben schneiden. Das Apfelbrot hält sich in Folie gewickelt bis zu 1 Woche.

USA
EKCO

KLEINE VERFÜHRER

Brownies, Cupcakes, Muffins – in diesem Kapitel geht's ziemlich international zu. Denn in den USA liebt man Süßes im Kleinformat schon lange, inzwischen haben die Minis unsere Cafés und Bäckereien längst erobert. Mit Shortbread und Pies haben auch die Briten ein paar Köstlichkeiten beigesteuert. Den krönenden Abschluss bildet ein Winterklassiker von der Insel.

APFEL-SHORTBREAD MIT INGWERSAHNE

Diese sahnig-mürbe Köstlichkeit serviere ich schon mal als Dessert. Aber auch zu Kaffee oder einem Gläschen Sherry am Nachmittag ist sie nicht zu verachten.

150 g sehr weiche Butter
150 g feinster Zucker
Salz
150 g Mehl
75 g Reismehl (aus dem Bio- oder Asienladen)
4 Äpfel (ca. 700 g, z. B. Kanzi)
50 ml Cream Sherry (ersatzweise Apfelsaft)
300 g Sahne
1 TL Vanillezucker
30 g glasierte Ingwerspitzen

Dream-Team

Für 8 Stück | 35 Min. Zubereitung | 30 Min. Backen
Pro Stück ca. 480 kcal, 4 g EW, 28 g F, 51 g KH

1 Den Backofen auf 170° vorheizen. Die Butter mit 75 g Zucker und 1 guten Prise Salz cremig rühren. Das Mehl mit dem Reismehl mischen und daraufsieben. Alle Zutaten mit den Fingern zu Bröseln verreiben, dann rasch zu einem glatten Teig verkneten. Auf dem mit Backpapier belegten Backblech mit den Händen zu einer Teigplatte von ca. 18 × 40 cm drücken. Mit der Teigrolle ohne Druck darüberrollen, damit die Platte eben wird. Im vorgeheizten Ofen (Mitte) in 25 – 30 Min. hellbraun backen.

2 Inzwischen die Äpfel schälen, achteln und das Kerngehäuse entfernen (z. B. mit einem Apfelteiler). Die Achtel nochmals längs halbieren. Restlichen Zucker in einem Topf schmelzen und goldbraun karamellisieren lassen. Die Apfelscheiben hinzufügen, mit dem Sherry ablöschen und 3 – 5 Min. zugedeckt dünsten. In eine Schüssel umfüllen und abkühlen lassen.

3 Das Shortbread aus dem Ofen nehmen, sofort acht Kreise (7 – 8 cm Ø) aus dem noch weichen Teig ausstechen, aber nicht herauslösen. Die Teigplatte samt Backpapier vorsichtig auf ein Ofengitter ziehen und auskühlen lassen.

4 Kurz vor dem Servieren die Shortbread-Kreise vorsichtig aus der Platte lösen und auf Teller setzen. Die Sahne mit dem Vanillezucker steif schlagen. Den Ingwer fein hacken und unterheben. Die Äpfel bis auf acht Spalten auf die Shortbread-Kreise legen, die Sahne darauf verteilen. Übrige Apfelspalten daraufsetzen und die Shortbread-Reste darüberbröseln. Sofort servieren.

APFEL-MACADAMIA-BROWNIES

2 Äpfel (ca. 300 g, z. B. Topaz) | 250 g weiche Butter | 110 g Zucker | 1 Pck. Vanillezucker | 3 Eier | 90 g heller Zuckerrübensirup | 50 g Kakaopulver | 100 g Mehl | 80 g gesalzene Macadamianusskerne | Fett für die Form

Schön schokoladig

Für 1 quadratische Backform von ca. 20 × 20 cm (16 Stücke) | 20 Min. Zubereitung | 50 Min. Backen | 1 Std. Abkühlen
Pro Stück ca. 255 kcal, 3 g EW, 19 g F, 18 g KH

1 Äpfel schälen, achteln und das Kerngehäuse entfernen (z. B. mit einem Apfelteiler). Die Achtel in 1 – 2 cm große Stücke schneiden.

2 Die Butter mit Zucker und Vanillezucker cremig rühren, die Eier einzeln je ca. ½ Min. unterschlagen. Den Sirup unterschlagen. Den Kakao mit dem Mehl mischen und rasch unter die Eiermasse rühren. Den Backofen auf 170° vorheizen.

3 Den Boden und zwei gegenüberliegende Seiten der Form mit einem breiten Streifen (20 × 40 cm) Backpapier auslegen, die anderen beiden Ränder der Form gründlich einfetten.

4 Die Macadamianüsse grob hacken. 50 g Nüsse und die Äpfel unter den Teig heben. In die Form füllen und glatt streichen. Die restlichen Nüsse daraufstreuen. Im Ofen (Mitte) 45 – 50 Min. backen. Herausnehmen, ca. 1 Std. abkühlen lassen, mithilfe des Papiers aus der Form heben. Ganz auskühlen lassen und in 16 Würfel (Brownies) schneiden.

TIPP

Sehr salzige Macadamianüsse zwischen zwei Lagen Küchenpapier leicht abreiben.

APFEL-AMARETTINI-TÖRTCHEN

100 g Amarettini (ital. Mandelkekse) | Salz | 300 g Mehl | 180 g Zucker | 200 g weiche Butter | 120 g Marzipanrohmasse | 300 g Crème fraîche | 4 Äpfel (ca. 750 g, z. B. Elstar) | 4 EL Butter | Puderzucker zum Bestäuben

Knusperfreuden

Für 8 kleine Tarteformen mit Hebeboden (à ca. 12 cm ∅) | 25 Min. Zubereitung | 35 Min. Backen
Pro Stück ca. 735 kcal, 7 g EW, 45 g F, 66 g KH

1 Die Amarettini im Mixer fein zerbröseln. Mit 1 Prise Salz, Mehl und 140 g Zucker mischen. Die Butter dazugeben, erst mit den Knethaken, dann mit den Händen zu einem glatten Teig verkneten.

2 Den Teig in acht gleiche Portionen teilen, in die Formen geben und am Boden andrücken, dabei einen kleinen Rand hochziehen. Kalt stellen. Den Backofen auf 200° vorheizen.

3 Das Marzipan in kleine Stückchen zupfen und mit der Crème fraîche verrühren. Die Äpfel schälen, achteln und das Kerngehäuse entfernen (z. B. mit einem Apfelteiler). Die Achtel der Länge nach in sehr dünne Scheiben schneiden.

4 Die Marzipancreme auf dem Teig verteilen und die Äpfel darauflegen, etwas andrücken. Die Butter zerlassen, die Äpfel damit bepinseln, den übrigen Zucker darüberstreuen. Törtchen im Ofen (Mitte) 30–35 Min. backen, bis die Ränder der Apfelscheiben leicht gebräunt sind. Herausnehmen, etwas abkühlen lassen, aus den Formen lösen und ganz auskühlen lassen. Mit Puderzucker bestäuben.

APFELSCHNECKEN MIT WALNÜSSEN

Es ist immer das Gleiche: Ich kann es einfach nicht erwarten, bis die Teilchen kalt werden und probiere schon mal eins ganz heiß. Göttlich!

Für den Teig:
400 g Mehl
50 g Zucker
25 g frische Hefe
125 ml Milch
125 g weiche Butter
¼ TL Salz
2 Eier
Für das Topping:
50 g brauner Zucker
50 g Butter
70 ml Ahornsirup
3 EL Sahne
60 g Walnusskerne
Für die Füllung:
2 Äpfel (ca. 350 g, z. B. Jonagold)
75 g weiche Butter
30 g brauner Zucker
½ gestr. TL gemahlener Zimt
Außerdem:
Mehl zum Arbeiten

Heiß begehrt

Für 12 Stück | 40 Min. Zubereitung | 1 Std. 15 Min. Ruhen | 20 Min. Backen | 30 Min. Abkühlen
Pro Stück ca. 405 kcal, 6 g EW, 23 g F, 42 g KH

1 Für den Teig das Mehl in eine Schüssel sieben und eine Mulde hineindrücken. Den Zucker hineingeben, die Hefe dazubröseln. Die Milch leicht erwärmen, zwei Drittel davon in die Mulde gießen. Mit Zucker, Hefe und etwas Mehl vom Rand verrühren. Den Teigansatz zugedeckt ca. 15 Min. gehen lassen.

2 Restliche Milch, Butter in Stücken, Salz und Eier zum Teigansatz geben. Alle Zutaten mit den Knethaken des Handrührgeräts ca. 5 Min. zu einem geschmeidigen Teig verkneten. Abgedeckt an einem warmen Ort ca. 45 Min. gehen lassen, bis er sein Volumen mindestens verdoppelt hat.

3 Inzwischen für das Topping Zucker, Butter, Sirup und Sahne in einem Topf erwärmen, unter Rühren zum Kochen bringen, dann ca. 2 Min. köcheln lassen. Walnüsse grob hacken und unterrühren. Das Topping abkühlen lassen (dabei wird es zähflüssig).

4 Für die Füllung Äpfel schälen, achteln und entkernen (z. B. mit einem Apfelteiler). Die Achtel längs halbieren, dann quer in feine Scheiben schneiden. Butter mit Zucker und Zimt cremig rühren.

5 Einen großen Bogen Backpapier auslegen und bemehlen. Den Teig darauf zu einem Rechteck von ca. 30 × 50 cm ausrollen. Die Butter-Zimt-Creme dünn darauf verstreichen, die Äpfel darauf verteilen, dabei rundherum einen ca. 2 cm breiten Rand freilassen. Den Teig mithilfe des Papiers von der Längsseite her fest aufrollen. Ein Backblech mit Backpapier belegen. Die Enden der Rolle gerade schneiden, die Rolle in zwölf dicke Scheiben schneiden (sie sind weich), mit der Schnittfläche nach oben mit Abstand aufs Blech setzen, dabei nochmals rund formen. Zugedeckt ca. 15 Min. gehen lassen. Den Backofen auf 220° vorheizen.

6 Mit einem Esslöffel kleine Mulden in die Mitte der Schnecken drücken und das Sirup-Walnuss-Topping darauf verteilen. Die Schnecken im Ofen (Mitte) in ca. 20 Min. goldbraun backen. Apfelschnecken herausnehmen, ca. 30 Min. abkühlen lassen, dann vorsichtig voneinander lösen und ganz auskühlen lassen.

APFELMUS-CUPCAKES MIT TOFFEE-TOP

Ein herrlich karamelliger Teig mit fruchtig-frischem Innenleben. Und als Krönung ein Häubchen aus sahnigem Mascarpone. Wirklich genial!

50 g Karamellgebäck (z. B. Lotus-Kekse)
3 große Äpfel (ca. 600 g, z. B. Jonagold)
125 g weiche Butter
130 g Zucker
1 Pck. Vanillezucker
2 Eier
160 g Mehl
Salz
1 TL Backpulver
100 g saure Sahne
Saft und fein abgeriebene Schale von ½ Bio-Zitrone

Für das Topping:

100 g Sahnetoffees
ca. 150 ml Milch
250 g Mascarpone
2 EL Puderzucker

Außerdem:

12 Papiermanschetten

Richtig raffiniert

Für 1 Muffinblech (12 Stück) | 50 Min. Zubereitung | 25 Min. Backen
Pro Stück ca. 390 kcal, 5 g EW, 24 g F, 36 g KH

1 Das Karamellgebäck im Mixer fein zerbröseln. 1 Apfel schälen und ohne Kerngehäuse grob raspeln. 150 g Fruchtfleisch abwiegen. Den Backofen auf 175° vorheizen.

2 Die Butter mit Zucker und Vanillezucker cremig rühren. Die Eier einzeln je ca. ½ Min. unterschlagen. Das Mehl mit den Keksbröseln, 1 Prise Salz und dem Backpulver mischen, rasch untermischen. Die saure Sahne unterrühren, die Apfelraspel etwas ausdrücken und unterheben (Bild 1). Die Mulden eines 12er-Muffinblechs mit Papiermanschetten auslegen und drei Viertel hoch mit Teig füllen. Im Ofen (Mitte) 20 – 25 Min. backen.

3 Inzwischen die übrigen Äpfel waschen, ohne Kerngehäuse grob würfeln und in einem Topf mit Zitronensaft und -schale mischen. Aufkochen und bei schwacher Hitze ca. 15 Min. zugedeckt weich dünsten. Durch ein Sieb streichen und abkühlen lassen.

4 Die Cupcakes herausnehmen, etwas abkühlen lassen, aus dem Blech lösen und ganz auskühlen lassen. Mit einem spitzen Messer jeweils eine Vertiefung in die Mitte schneiden (Bild 2).

5 Für das Topping die Toffees hacken, mit 100 ml Milch in eine kleinen Topf geben. Milch unter Rühren zum Kochen bringen und die Toffees darin schmelzen. Ca. 3 Min. köcheln lassen, in eine Schüssel umfüllen und abkühlen lassen. Den Mascarpone mit restlicher Milch und Puderzucker glatt rühren.

6 Das Apfelmus mit einem Löffel in die Vertiefungen der Cupcakes füllen, die Mascarponecreme als Häubchen daraufsetzen (Bild 3) und etwas Toffeesauce darüberlaufen lassen.

1

2

3

APFEL-STREUSEL-MUFFINS

2 kleine Äpfel (ca. 300 g, z. B. Cox Orange) | 240 g Mehl | 2 gestr. TL Backpulver | Salz | 160 g brauner Zucker | 1 Pck. Vanillezucker | 200 g saure Sahne | 80 g flüssige Butter | 1 TL abgeriebene Bio-Zitronenschale | 2 Eier | 40 g gemahlene Haselnüsse | 40 g zimmerwarme Butter | 1/4 TL gemahlener Zimt | 12 Papiermanschetten | Puderzucker zum Bestäuben (nach Belieben)

Handlich und fein

Für 1 Muffinblech (12 Stück) |
25 Min. Zubereitung | 25 Min. Backen
Pro Stück ca. 275 kcal, 4 g EW, 15 g F, 31 g KH

1 Den Backofen auf 180° vorheizen. Für den Teig die Äpfel schälen, achteln und das Kerngehäuse entfernen (z.B. mit einem Apfelteiler). Die Achtel in 1–2 cm große Stücke schneiden.

2 200 g Mehl mit Backpulver und 1 Prise Salz locker mischen. 120 g Zucker mit Vanillezucker, saurer Sahne, Butter, Zitronenschale und Eiern verrühren. Die Mehlmischung rasch unterrühren. Die Apfelstücke mit 20 g gemahlenen Haselnüssen mischen und ebenfalls unterheben.

3 Übriges Mehl, restlichen Zucker und übrige gemahlene Haselnüsse mit der zimmerwarmen Butter und dem Zimt mit den Fingern zu Streuseln verkneten. Die Mulden des Muffinblechs mit Papiermanschetten auslegen. Den Apfelteig einfüllen, den Streuselteig in kleinen Portionen darauf verteilen. Im Ofen (Mitte) 25–30 Min. backen. Nach Belieben mit Puderzucker bestäuben.

TIPP

Auch lecker: die Haselnüsse durch Kokosraspel oder gemahlene Pecannüsse ersetzen.

WEIHNACHTS-APPLE-PIES

180 g Mehl | 4 EL brauner Zucker | Salz | 1 Eigelb | 130 g weiches Butterschmalz | 80 g getrocknete Apfelringe | 150 g Apfelfruchtfleisch (z. B. Idared) | 40 g Orangeat | 2 EL gehackte Haselnüsse (leicht geröstet) | je 4 EL Zitronen- und Orangensaft | 1 gestr. TL Lebkuchengewürz | fein abgeriebene Schale von 1 Bio-Zitrone | Fett für die Form | Puderzucker zum Bestäuben (nach Belieben)

Very british

Für 8 Stück | 45 Min. Zubereitung | 1 Std. Kühlen | 35 Min. Backen | 30 Min. Abkühlen
Pro Stück ca. 320 kcal, 3 g EW, 18 g F, 35 g KH

1 Aus Mehl, 2 EL Zucker, 1 Prise Salz, dem Eigelb und 80 g Butterschmalz rasch einen Mürbeteig herstellen (siehe S. 7), zu einer Kugel formen, in Frischhaltefolie wickeln und ca. 1 Std. kalt stellen.

2 Übriges Schmalz zerlassen. Apfelringe und Äpfel fein würfeln, Orangeat fein hacken, alles zum Schmalz geben. Restlichen Zucker, Haselnüsse, Zitrussäfte, Lebkuchengewürz und Zitronenschale unterrühren. Aufkochen, ca. 10 Min. bei schwacher Hitze zugedeckt dünsten. Abkühlen lassen. Den Backofen auf 170° vorheizen.

3 Acht Mulden eines 12er-Muffinblechs einfetten. Teig zu einem ca. 30 × 40 cm großen Rechteck ausrollen. Acht Kreise (9 cm ∅) ausstechen, in die Mulden legen, an Rand und Boden andrücken. Die Füllung darin verteilen, etwas andrücken.

4 Teigreste zusammenkneten, ausrollen und acht Sterne (6 cm ∅) ausstechen. Auf die Pies legen, etwas andrücken. Im Ofen (Mitte) 30 – 35 Min. backen. 30 Min. in der Form abkühlen lassen, herauslösen. Nach Belieben mit Puderzucker bestäuben.

REGISTER

Damit Sie Rezepte mit bestimmten Zutaten noch schneller finden, sind in diesem Register auch beliebte Zutaten wie **Mandeln** oder **Rosinen** alphabetisch eingeordnet und hervorgehoben. Darunter finden Sie das Rezept Ihrer Wahl.

Projektleitung: Dorothea Schwarz
Lektorat: Katharina Lisson
Korrektorat: Waltraud Schmidt
Innen- und Umschlaggestaltung: independent Medien-Design, Horst Moser, München
Illustrationen: Julia Hollweck
Herstellung: Sigrid Frank
Satz: Kösel, Krugzell
Reproduktion: Repro Ludwig, Zell am See
Druck und Bindung: Firmengruppe APPL, aprinta Druck, Wemding
Syndication: www.seasons.agency
Printed in Germany

4. Auflage 2018
ISBN 978-3-8338-4432-4

GRÄFE UND UNZER

Ein Unternehmen der
GANSKE VERLAGSGRUPPE

Die Autorin

Marianne Zunner ist passionierte Köchin und Bäckerin. Sie arbeitete als Redakteurin bei Zeitschriften und ist nun als freie Autorin erfolgreich. Schnelle und dennoch köstliche und raffinierte Rezepte sind ihre Spezialität.

Das Fototeam

Maria Grossmann und **Monika Schürle** fotografieren seit Langem erfolgreich Food, Stilllife und Interior für Magazine, Verlage und Agenturen. Foodstylistin Petra Speckmann sorgte für duftende Kuchen im Fotostudio.

Bildnachweis

Titelfoto: Wolfgang Schardt; S. 5: EOS/F. Blickle; alle anderen Fotos: Monika Schürle und Maria Grossmann

Titelrezept

»Versunkener« Apfel-Mandelkuchen (S. 12)

Danke!

Ein besonderes Dankeschön geht an die Südtiroler Apfel g. g. A., Italien, für die Unterstützung dieses Titels. www.suedtiroleapfel.com

Umwelthinweis:
Dieses Buch ist auf PEFC-zertifiziertem Papier aus nachhaltiger Waldwirtschaft gedruckt.

QUALITÄTS G|U GARANTIE

Liebe Leserin, lieber Leser,

haben wir Ihre Erwartungen erfüllt? Sind Sie mit diesem Buch zufrieden? Haben Sie weitere Fragen zu diesem Thema? Wir freuen uns auf Ihre Rückmeldung, auf Lob, Kritik und Anregungen, damit wir für Sie immer besser werden können.

GRÄFE UND UNZER Verlag
Leserservice
Postfach 86 03 13
81630 München
E-Mail:
leserservice@graefe-und-unzer.de

Telefon: 00800 / 72 37 33 33*
Telefax: 00800 / 50 12 05 44*
Mo–Do: 9.00 – 17.00 Uhr
Fr: 9.00 – 16.00 Uhr
(gebührenfrei in D, A, CH)*

Ihr GRÄFE UND UNZER Verlag
Der erste Ratgeberverlag – seit 1722.

Backofenhinweis:
Die Backzeiten können je nach Herd variieren. Die Temperaturangaben in unseren Rezepten beziehen sich auf das Backen im Elektroherd mit Ober- und Unterhitze und können bei Gasherden oder Backen mit Umluft abweichen. Details entnehmen Sie bitte Ihrer Gebrauchsanweisung.

www.facebook.com/gu.verlag

Appetit auf mehr?

ISBN 978-3-8338-5018-9

ISBN 978-3-8338-3437-0

ISBN 978-3-8338-5333-3

Laden im App Store

ISBN 978-3-8338-3965-8

ISBN 978-3-8338-3433-2

Alle hier vorgestellten Bücher sind auch als eBook erhältlich.

G|U
Willkommen im Leben.

Mehr von GU auf **www.gu.de** und
facebook.com/gu.verlag

VON DER SCHNELLEN TRUPPE

Gleich kommt Kaffeebesuch und es ist nichts Süßes im Haus? Wer eine Rolle Blätterteig, ein paar Äpfel und diese Blitzrezepte hat, ist jetzt fein raus.

APFEL-PIZZETTE

Für 6 Stück: 1 Apfel (ca. 200 g) schälen, vierteln, vom Kerngehäuse befreien und quer in dünne Scheiben schneiden. 1 Rolle frischen Blätterteig (275 g) auseinanderrollen und mit dem Backpapier auf ein Backblech ziehen. Mit einer kleinen Schüssel sechs Kreise (12 cm ∅) ausstechen. Den Teig zwischen den Kreisen entfernen. Die Teigkreise mit je ½ TL braunem Zucker bestreuen und mit je 1 TL Crème fraîche bestreichen. Je 1 TL Himbeerkonfitüre in Klecksen daraufgeben. Die Apfelscheiben nebeneinander auf der Konfitüre verteilen. Die Pizzette im vorgeheizten Backofen bei 200° (Mitte) 15 – 20 Min. backen.

APFELTASCHEN

Für 6 Stück: 1 großen Apfel (ca. 220 g) schälen, vom Kerngehäuse befreien und in kleine Stücke schneiden. Mit 3 EL Haselnusskrokant und 60 g grob geraspelter Marzipanrohmasse mischen. 1 Rolle frischen Blätterteig (275 g) auseinanderrollen, mit dem Backpapier auf ein Backblech ziehen und in sechs Quadrate (ca. 12 × 12 cm) schneiden. Auf jeweils einer Hälfte der Teigquadrate die Äpfel verteilen, die andere Hälfte darüberklappen und die Ränder gut zusammendrücken. Mit verquirltem Eigelb bepinseln und mit je 1 TL Krokant bestreuen. Die Apfeltaschen im vorgeheizten Backofen bei 200° (Mitte) ca. 20 Min. backen.

APFELTÖRTCHEN

Für 6 Stück: 2 kleine Äpfel (à ca. 170 g) schälen, vierteln und vom Kerngehäuse befreien. Quer in feine Scheiben hobeln und mit 2 EL Rum mischen. 1 Rolle frischen Blätterteig (275 g) auseinanderrollen, etwas breiter rollen und in acht ca. 10 cm große Quadrate schneiden. Auf ein mit Backpapier belegtes Blech legen und mit 2 EL flüssiger Butter bepinseln. Die Apfelscheiben in die Mitte häufeln (die Ränder frei lassen), mit je ca. ½ TL braunem Zucker bestreuen. Die Törtchen im vorgeheizten Backofen bei 200° (Mitte) ca. 20 Min. backen. Nach ca. 10 Min. Backzeit die Äpfel mit 2 EL Butter bepinseln. Mit Puderzucker bestäuben.